Déjà parus dans cette collection :

Le vin	Les chats
Le bonheur	Les chiens
Les mères	Le cheval
Le golf	La cuisine

Première publication en Angleterre : 1990
Réimprimé en 1991 - 1992 et 1993

Un livre réalisé par Helen EXLEY,
Adapté en français par Bernadette THOMAS
Mise en page : 24 heures de pointe.

13, rue de Genval B-1301 Bierges
5, rue du Louvre F-75001 Paris

Exley Publications Ltd
16, Chalkhill, Watford, Herts , WD1 4BN,
United Kingdom

ISBN : 2-87388-034-1
D/7003/1995/12

LES NOUNOURS
CITATIONS

UNE SÉLECTION
DE BEAUX TEXTES
JOLIMENT ILLUSTRÉS

- ♦ -

LES DESSINS SONT DE
WENDY TRINDER

EXLEY
PARIS, LONDRES

Beaucoup de petits coeurs apprennent
à aimer avec leur premier nounours.

A.K.

- ♦ -

Câlines et chaudes, ces douces petites
créatures me rassurent lorsque les peurs
m'envahissent, plus que de raison ou que le
monde me semble désolant plutôt que beau.
L'ours en peluche qui peut être tout,
à tout âge, me dit que tout va bien
dans le monde, si on y croit.

Anonyme

- ♦ -

J'ai lu quelque part que le Teddy Bear
est "utilisé par beaucoup de personnes
de tous les âges, pour retrouver
ce sentiment de sécurité qu'ont les enfants
face à des situations effrayantes".
Je ne sais pas pourquoi mais c'est vrai
que j'aime bien l'avoir près de moi.

Edouard Mc Gettigan

- ♦ -

Les ours sont, semble-t-il,
les seuls jouets qui même démolis,
gardent leur dignité et leur valeur.

LAURENCE DUTRILLEUX

- ♦ -

Comment se fait-il que les nounours
aient eu un succès aussi immédiat et
une popularité que rien ne menace ?
C'est simple : ils sont irrésistibles,
même quand leur fourrure est
tout-à-fait râpée et leurs pattes
à moitié détachées.

PEGGY ET ALAIN BIALOSKY

- ♦ -

Un nounours reste un nounours,
même s'il est en pièces et morceaux.

CHARLOTTE LEMEUNIER

- ♦ -

Parallèlement aux jeux électroniques de plus en plus sophistiqués, on voit se développer très fort l'industrie des peluches. Ours, lapins, petits chiens, jadis confinés dans les nurseries, sont maintenant très souvent choisis comme cadeaux d'amoureux ! Les petits ours blancs en chapeau buse ou en voile de tulle envahissent les chambres nuptiales ! Il est difficile d'échapper également à l'éclosion, sur les cartes de voeux, de cette gentille ménagerie aux yeux doux, pour quelque occasion que ce soit. Face aux forces dévastatrices que la science moderne nous impose, l'humanité semble se tourner de plus en plus vers le réconfort de cet informe petit ours en peluche.

Claude Montaigu

- ♦ -

Quand un enfant t'aime depuis
très longtemps, pas seulement pour jouer
avec toi, mais t'aime, toi, réellement,
alors tu deviens REEL.
En général, lorsque tu es devenu REEL,
tu es tout pelé, à moitié désarticulé et
très élimé. Mais cela n'a aucune
importance, puisque quand tu es REEL,
tu n'es jamais laid,
du moins pour ceux qui comprennent.

MARGERY WILLIAMS

Cela peut prendre beaucoup de temps
et d'amour pour qu'un ours de magasin
devienne un ami.

PAM BROWN

- ◆ -

Ma petite-fille a reçu beaucoup de peluches,
de formes et de tailles différentes. Une seule
est devenue son "nounours", fut emportée
partout et utilisée à chaque urgence.
C'était "Tinours brun". Il était bleu…

MADAME P. GLORIEUX

- ◆ -

Le monde est divisé en deux zones :
celle avec des Teddy bears et celle sans.
Chacune trouve l'autre un peu bizarre.

JENNY DE VRIES

- ♦ -

Je trouve qu'ils sont les petits visiteurs
les plus adorables, les plus charmants
et les mieux élevés que nous ayons
jamais eu, mais cependant, je me refuse
à les accepter à l'église.

MADAME HARRY HASTINGS

- ♦ -

En tant que femme de ménage,
j'ai un bon moyen pour juger
mes employeurs : ils sont civilisés
s'ils ont un chat sur le canapé
et un petit ours sur le lit.

CONCHA SUARES

- ♦ -

Quand on a eu la joie de partager
son enfance avec un Nounours,
je crois qu'on recherche plus tard l'ours
semblable à celui qu'on a perdu un jour,
au détour de sa vie. C'est le Nounours unique.
Il n'y en a qu'un seul modèle.
Quand on en a été privé, petit, c'est après
l'ours rêvé qu'on court. Et c'est en le
cherchant de magasins en salles de ventes,
de greniers poussiéreux en fourre-tout
de brocanteurs, qu'on se laisse séduire
par beaucoup de ces Ours de rencontre.

C'est ainsi qu'on devient
collectionneur de Teddy Bears.
Mais c'est bien plus qu'une collection
qu'on acquiert, c'est une vraie famille
en tendresse… et en humour !

THERESE FICHEFET

- ♦ -

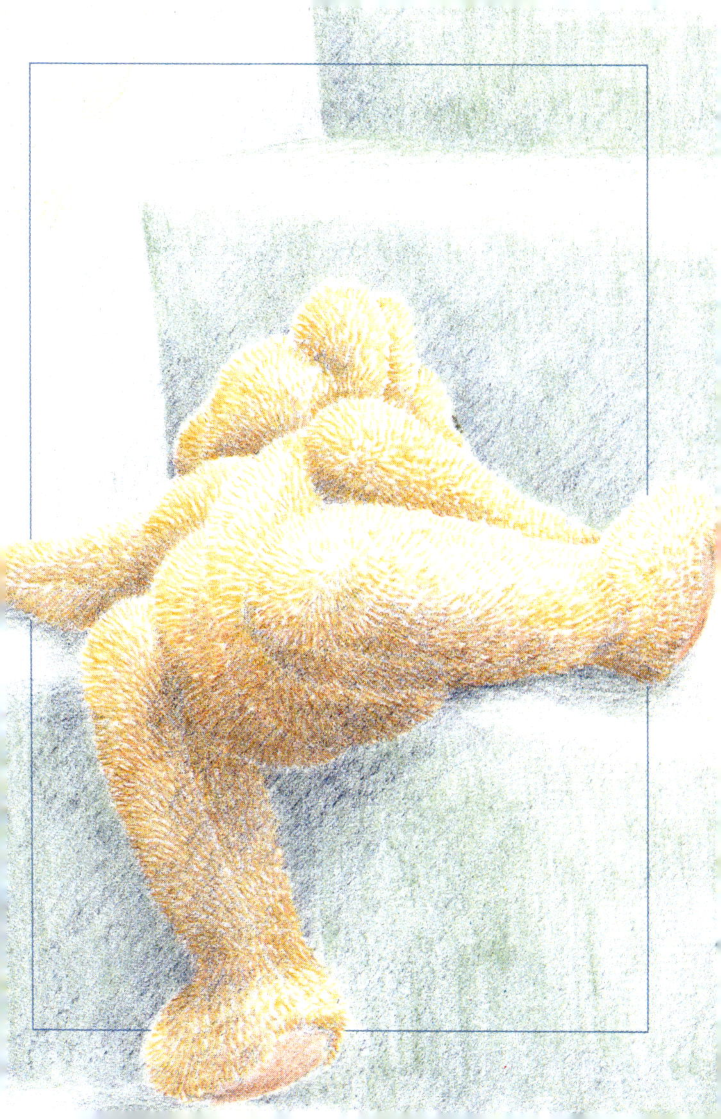

Avec le temps qui passe,
l'ours devient de plus en plus vivant.
Quiconque a une once de sensibilité
ne pourrait jamais le jeter à la poubelle.

JOHNNIE HAGUE

Combien d'enfants n'ont-ils pas gardé un ressentiment réel vis-à-vis de leurs parents qui ont fait disparaître subrepticement leur petit ours !

JOHN ZIFF

- ♦ -

Il est inconcevable de jeter un nounours à la poubelle même tout-à-fait détérioré. Un enterrement honorable est la seule solution.

P. MAC DONALD

- ♦ -

Pour vivre plus légèrement, j'ai brûlé mes anciennes lettres d'amour, jeté les disques de mon adolescence, me suis dépouillée de beaucoup de choses. Je ne regrette rien, sauf mon Teddy qui me manque beaucoup.

WENDY FULLER

- ♦ -

Mon fils m'a fait promettre que je garderais toujours ses trente-huit ours, où qu'il aille.

HELEN EXLEY

- ♦ -

Lors des soldes, tous les autres jouets ont l'air simplement défraîchis, déglingués, poussiéreux. Les petits ours, eux semblent perdus, abandonnés comme en manque d'une maison aimante.

JOSEPHINE DOUTRELEPONT

-♦-

La folie de les collectionner se répand partout dans le monde. En Amérique, Madame Patricia Fitt a un "atelier de teddy bears" qui compte soixante-quatorze ours Steiff. En Grande-Bretagne, Miss Sheila Coull a une collection de 215 ours, score qui est battu par Madame Suzanne Bonvin en Suisse qui en possède 240 !

LEO ZANELLI

-♦-

Les petits ours sont comme les chats : quand ils arrivent, ils ont l'air emprunté, insignifiant. Le temps seul révélera qui ils sont réellement.

JOHNNIE HAGUE

-♦-

En tant que thérapeute par la parole,
j'arrive très bien à entrer en contact
avec les enfants renfermés en regardant
leur teddy et en menant avec lui
une conversation naturelle.

HELENE LAVAL

- ♦ -

Le service d'éducation de Straffordshire
utilise l'ours en peluche pour aider
les enfants sourds à apprendre les
différents sons et à prononcer les syllabes :
ses yeux s'éclairent ou s'éteignent plus
ou moins selon la tonalité et le volume
de la voix. Une petite fille qui n'avait
jamais produit aucun son, en 5 minutes,
répondit aux gadgets de Fred.

PETER BULL,
"Le livre des Teddy Bears"

- ♦ -

Les parents et autres adultes sont très arbitraires lorsqu'ils décident tout seuls du moment où un enfant ne doit plus garder son petit ours. Ma mère décida qu'à seize ans, il était plus que temps pour moi de le remiser. J'estime qu'elle a eu tort et Théodore, j'en suis sûr, est d'accord avec moi.

PETER BULL

- ♦ -

Au fil des années, mes fils avaient fini par adopter cinquante-cinq ours en peluche. A douze ans, un peu gênés, ils les cachaient quand s'amenaient leurs copains. Maintenant qu'ils ont plus de vingt ans tous les deux, certains de ces ours, parmi les plus privilégiés, ont le droit de sortir pour accueillir les invités ou pour rejoindre quelqu'un de malade. Certains, deux ou trois chanceux, ont même reçu les soins délicats et attentifs de charmantes jeunes dames.

HELEN EXLEY

- ♦ -

Il est difficile de visualiser,
cinquante ans plus tard, les jouets que
nous avions, sauf pour les nounours.
On le voit encore aussi clairement que
s'il était là, assis sur la table devant vous…
d'ailleurs, pour vous, …
probablement y est-il !

PAM BROWN

Pour un enfant, un ours en peluche est un pont entre les humains et les animaux. Vous pouvez le prendre en promenade, habillé de chapeaux ridicules, il ne fera pas d'histoires. Vous pouvez le punir pour n'importe quoi, il ne se cherchera pas d'excuses. Son visage merveilleux peut exprimer tout ce qu'un enfant désire ressentir ou entendre.

PETER BULL

- ♦ -

Martin connaît tous mes secrets et ne le dévoilera jamais.

ROSE-ANNE AMBROISE

- ♦ -

Il y a quelque chose, à propos des ours, qu'il est impossible d'expliquer. Quand vous en avez un dans les bras, vous ressentez amour, réconfort et sécurité. C'est presque surnaturel.

JAMES OWNBY

- ♦ -

Dans un célèbre procès "sexe et mariage" un certain Maurice Cocrane, directeur général d'une grande compagnie sur laquelle on enquêtait, fut décrit comme ayant câliné un énorme ours en peluche - auquel il demandait par moment conseil - en interviewant trois candidats représentants.

PETER BULL, "Le Livre des Teddy Bears"

- ♦ -

Je ne savais pas ce que mon mari allait
penser de ce petit ours, qui partageait
mon lit depuis que j'avais quatre ans.
Ils ont eu une longue conversation et
mon mari a découvert des choses à son sujet
que moi-même j'ignorais. Par exemple,
que mon ourson préférait, certaines nuits,
regarder la T.V. toute la nuit dans le salon !

LAURIE DILSON

- ♦ -

Mon fils se marie la semaine prochaine en
Australie. Sa fiancée a installé un grand
caniche en tissu dans leur nouvelle maison.
Il a accepté à condition qu'on lui envoie,
par avion, à temps pour le mariage,
son "papa-ours".

CLAIRE ORTEGA

- ♦ -

Aime-moi, aime mon nounours.

SAMANTHA ARMSTRONG

- ♦ -

Une légende finlandaise rapporte qu'un homme qui aimait grimper aux arbres se retrouva un beau jour couvert d'une épaisse fourrure : le premier ours était né. D'autres mythes, répandus aussi bien en Sibérie qu'en Amérique du Nord ou dans l'Europe du Moyen-Age, révèlent que l'ours n'est qu'un homme qui a changé d'apparence !

ANNE LE CABELLEC

- ♦ -

En novembre 1902, Théodore Roosevelt, dit Teddy, 26e président des Etats-Unis, est invité à une chasse à l'ours. La battue ne donne ni grizzly, ni grand ours brun. Seul pris au piège, un petit ourson, apeuré, craintif, qu'on attache à un tronc d'arbre en attendant que le président veuille bien l'abattre. Théodore Roosevelt aurait alors eu cette parole historique : "Ce ne serait pas sportif. Si je le faisais,je n'aurais plus le courage de regarder mes enfants en face".

ANNE LE CABELLEC

- ♦ -

TEDDY

Je suis le père de Teddy.
C'est ma maman qui est sa mère.
Mon père n'est que son ami.
Teddy est mon ourson chéri.

Quand ma maman me donne un fruit,
Surtout si c'est un fruit que j'aime,
J'en demande deux pour Teddy.
S'il n'a pas faim, je les mange moi-même.

Je raconte tout à Teddy.
Lui seul me comprend, me pardonne
Et me suit, quand on me punit,
Dans le coin où l'on m'abandonne.

Quand, à la rue, je joue trop tard,
Il me réclame, et ma mère m'appelle :
"Allons, rentre vite ! dit-elle,
Teddy craint pour toi le brouillard."

Puis dans ma chambre, sans lumière,
Je m'endors, la main sur son coeur ;
Car Teddy dort les yeux ouverts
Parce que j'ai peur des voleurs.

MAURICE CAREME

Un ours lavé n'est pas un ours heureux !

JUSTINE LAVILLIER

- ◆ -

Prendre un bain est bien agréable
pensent les gens, mais ce n'est pas
l'avis des nounours.
Avez-vous jamais vu ou entendu parler
d'un petit ours qui prenait un bain
de son plein gré ?

TED MENTON
"Catalogue des amoureux des Teddy Bears"

- ◆ -

Il y a peu de vision plus triste
que celle d'un ours en peluche trempé
qui pend à une corde à linge par une oreille.
Ils ne se plaignent jamais et
cela en dit long sur eux.

PAM BROWN

- ◆ -

Où est-il maintenant ? Je ne sais pas. Il s'est perdu dans la bourrasque de ce qui est appelé le processus de maturation vers l'âge adulte. Mais il n'a jamais cessé de me suivre et parfois, lorsque je regarde pensivement vers mon passé, il est là, me regardant avec une expression de surprise qui semble me dire “Salut ! comment tu vas ?”

MARCUS BACH

- ♦ -

Le nounours est le dernier des jouets dont on se séparera. Il est tout ce qui reste de ce monde évanoui où des solutions à tout étaient possibles; il est un ami qui ne nous trouvait pas de défauts, ne nous faisait pas de reproches, nous attendait toujours dans le vieux fauteuil.

PAM BROWN

- ♦ -

Mon ours "bourru" est mon enfance
emballée dans une fourrure fanée, jaune.
En tant que tel, il réveille mon affection
longtemps après que j'ai grandi.

VALENTINE LECORDIER

Paisibles étaient les soirées d'avant-guerre
Lorsque la lumière du feu brillait
sur le linoléum vert;
J'entendais les cloches qui perçaient le ciel,
De plus en plus profondément,
comme des étoiles sans fin,
Et je me tournais vers Archibald,
mon vieil ours protecteur,
Dont les yeux brodés me regardaient
tristes ou joyeux,
Dont je pouvais mouiller le large front de larmes,
Dont les oreilles en demi-lune recevaient
mes confidences,
Qui me faisait rire, qui ne me laissait jamais tomber.
Je le regardais des heures durant, espérant
le voir bouger,
Persuadé qu'il pouvait respirer.
Un jour horrible,
Ils me l'ont pris pour me punir.
Parfois la désolation de cette perte
Me revient et je dois monter à l'étage
Pour le voir dans la sciure et lui parler,
En sécurité dans une sorte d'idolâtrie.

JOHN BETJEMAN, "L'appel des cloches"

Je poussais mon caddie dans l'allée
d'une grande surface, l'esprit occupé
par des bananes et des céréales à acheter
lorsque je fus distraite par une étagère
de peluches. Un petit ours semblait
tendre les bras vers moi.
Je regardai ma liste de courses :
il n'y avait pas d' "Ours" écrit.
Je tentai d'échapper à cette impulsion
d'achat en continuant mon chemin.
J'imagine que j'avais vraiment besoin
de cet ours car je fis demi-tour
avec mon caddie et l'assis joyeusement
sur une de mes laitues.

MOLLY COURVILLE

- ♦ -

Maintenant que je suis adulte,
je puis m'acheter tous les vieux
nounours que je veux, sauf...
LE nounours que je veux

WILLIAM STERNMAN

- ♦ -

Prendre une grosse patte d'ours dans sa main !
Serrer l'Ours sur son coeur,
Lui sourire, car il vous fait sourire,
Lui parler pour s'imaginer qu'il est prêt
à vous répondre !
Moment de simple bonheur d'enfant,
qu'on peut vivre à tout âge,
même les rides venues.

THERESE FICHEFET

J'ai 65 ans.

J'ai partagé mon miroir avec mon Nounours préféré. Chaque Ours de ma famille Ours est à son tour mon préféré, selon mon humeur ou la leur !

Je me suis donc regardée avec l'ours du jour dans les bras, j'ai vu ma figure épanouie contre la sienne. Nous étions adorables !

J'aime l'air gentil qui me vient alors !
Dans les jeux que je m'invente avec mes Ours fourrés, mes Bourrus-tendres, je sens se lisser mes rides, se déplisser les plis des chagrins passés.
Et je ris en même temps qu'eux,
du même rire tendre, discret, amusé
qui anime leur frimousse.

Dans ce miroir, je me trouve belle.

THERESE FICHEFET

- ♦ -

Partir en excursion avec les enfants suppose que l'on vérifie si on n'a pas oublié : deux sacs, un parapluie, un landau, deux enfants, deux ours en peluche, son porte-monnaie, les tickets. Revérifier : les ours.

PAM BROWN

Pourquoi je laisse la tirette de mon sac un peu ouverte ? Pour que "Gros-nours" puisse respirer bien sûr !

PATRICIA HITCHCOCK

- ♦ -

Qu'est-ce qui fait qu'il soit si difficile de se séparer de ces objets rembourrés et recouverts de fausse fourrure ? Enfants, nous étions très attentifs à l'amour que nous portaient nos peluches et nous remplissions leurs oreilles de nos aventures quotidiennes et de nos plus intimes confidences. Pourrions-nous alors grandir sans prendre avec nous le plus cher de nos compagnons ?

SARAH MC CLENNAN

- ♦ -

Dans tous les cas de départ de chez soi, l'ours est l'élément essentiel à ne pas oublier.

JOHNNIE HAGUE

- ♦ -

Un jour - j'étais déjà adulte - que j'étais triste, je tombais dans le grenier sur "Calinours". A ce moment précis, le poids des années s'envola et je me sentis à nouveau jeune et aimée.

HELENE FREISER

- ♦ -

Retrouver son vieux nounours dans le
grenier après plusieurs années est tout-à-fait
bouleversant : il a l'air si malade,
l'oeil si triste, le poil râpé...
Alors, descendez-le, brossez
doucement ce qu'il lui reste de fourrure
et asseyez-le dans un fauteuil près du feu.

JESSE O'NEIL

- ♦ -

J'ai retrouvé dans une malle chez mes
parents le vieil ours jaune de mon frère.
Celui-ci est devenu un honorable
médecin respectable et respecté.
Je le lui ai apporté entre deux
consultations. Quarante-huit ans
qu'il ne l'avait plus vu...
"Il est plus petit que dans mes souvenirs",
murmura-t-il, ému en le serrant
maladroitement dans ses bras,
"mais encore plus mignon".

B. MOLS

- ♦ -

Des ours en peluche accompagnèrent
les pilotes de la RAF pendant la bataille
d'Angleterre, au débarquement
en Normandie et les GIs au Vietnam.

PAM HOBBS,
"Collectionner les Teddy Bears"

- ♦ -

Même le ciel au-dessus de nos têtes n'a pas
échappé à cette fascination.
Depuis qu'un poète très imaginatif
en décida ainsi, la Grande et la Petite
Ourse constellent nos nuits.

ANNE LE CABELLEC

- ♦ -

Tu te rappelles quand je te disais que
mon ours ne savait pas dormir sans moi ?
En réalité, c'était moi qui ne pouvais pas
dormir sans lui !

PAPADOPOLIS

- ♦ -

Un nounours expérimenté apporte avec lui les connaissances et l'expérience de toute une vie, la sagesse du silence et le calme dans les moments de grande turbulence. Il est particulièrement expert lorsqu'il doit mettre en oeuvre cette patience à toute épreuve, acquise auprès des jeunes qui atteignent leur majorité et avec lesquels il a dû se débrouiller dans toute la sauvagerie propre à cette période de la jeunesse. L'ours expérimenté voit la vie à travers le coeur et les yeux d'un enfant qui devient adulte et peut-être même accompagne-t-il cet adulte toute sa vie jusqu'à la fin de sa route.

TED MENTON,
"Catalogue des amoureux des Teddy Bears"

Comment donc se débrouillaient les enfants
avant qu'il y ait les ours ?

JESSE O'NEIL

- ♦ -

Henri Middleditch, courtier d'assurances,
intenta un procès à son ancienne épouse pour
qu'elle lui rende une table du XVIIIè siècle,
une carafe de cristal taillé et son Teddy Bear.

PETER BULL,
"Bear with me"

- ♦ -

Mon fils s'était cassé la clavicule.
Comme je devais partir au travail,
il demanda si Emile son ours pouvait
aussi avoir l'épaule bandée.
Je fis cela, prodiguant à Emile des paroles
d'amour, des câlins, et un gros baiser.
Cela me permit de dire au revoir,
sans problèmes, à deux invalides heureux.

HELEN EXLEY

- ♦ -

On a besoin d'un nounours
pour guérir d'une varicelle,
surtout si on est supposé
être grand.

CLAIRE ORTEGA

- ♦ -

Tout ce qu'on a entre soi et
"le Noir" est un Ours.

FRANÇOIS LABOUVRIES

- ♦ -

A-t-on jamais vu métamorphose aussi magique ? Je suis un des fauves les plus terribles de la planète, je suis sauvage, terrifiant, formidable, je sème la terreur chez les hommes et les bêtes et on a fait de moi une sorte de jouet bourré, adorable, tendre et compatissant ! On me met dans le lit des bébés ! Et ce sont des gens rationnels, réalistes, qu'une toute petite souris terrorise, qui font de moi le compagnon de leurs enfants ! De moi, je veux dire de mon image ! Vous y comprenez quelque chose, vous ? Moi pas !
Au revoir, je retourne à mes sombres forêts ! J'espère y survivre, je trouverais trop dommage qu'on oublie qu'avant le Nounours, il y avait l'OURS !

THERESE FICHEFET

- ♦ -

Le Teddy bear arrive à garder parfaitement l'apparence extérieure d'un grizzly, tout en restant bien adapté aux petits bras potelés qui se tendent vers lui. Non seulement il ressemble suffisamment à un ours pour affronter la critique juvénile mais il possède aussi des aspects semi-humains qui le rendent éminemment ajusté à un compagnonnage avec des enfants. Il est tout-à-fait ours et pourtant il incarne parfaitement toutes les qualités requises pour une poupée d'aujourd'hui. Il est bien fait. Sa tête tourne, ses membres sont mobiles. En plus, il a cette précieuse qualité d'adaptabilité : on peut le faire ramper, grimper, se lever, s'asseoir; dans chaque position, il reste non seulement délicieusement lui-même mais il suggère aussi à son propriétaire imaginatif tout ce que sa fantaisie peut attendre de son petit ami.

CAROLINE TICKNER
dans "New England Magazine"

- ♦ -

Dans le monde entier, l'ours en peluche joue un grand rôle pour le développement psychologique de personnes de tous âges. Ceci parce que c'est un personnage international, sans connotation religieuse et pourtant reconnu universellement comme symbole d'amour et d'affection. Il représente l'amitié. Il a vraiment une influence positive dans les épreuves et les tribulations de la vie.

COLONEL HENDERSON, "La traque aux ours"

- ♦ -

Dans ce monde où les autres semblent plus
imposants et plus bruyants que soi,
il est très réconfortant d'avoir
un petit compagnon paisible.

PIERRE GERARD

- ♦ -

Si tous les autres vous laissent tomber,
il vous restera toujours Ted.

CLAIRE ORTEGA

- ♦ -

REMERCIEMENTS

Les éditeurs remercient pour l'autorisation de reproduire les textes avec copyright dans cet ouvrage. Entre autres :

Sir John Betjeman - extraits de "*Summoned by Bells*" et "*Uncollected Poems*"

Peter Bull - extraits de "*Book of Teddy Bears*" et "*Bears with Me*"

Ted Menton - extraits de "*The Teddy Bears Lovers catalogue*"

Caroline Tickner : extrait de "*New England Magazine*"

La fondation Maurice Carême - extrait de "*La Lanterne Magique*"

Anne Le Cabellec : extraits de "*Bonne Nuit les Petits*"

Chère Mme Sophie,

Bonne chance avec ton bébé.

Merci pour tout.

Je t'aime,

Patrick William Diamond xo♡xo♡
xo♡xo♡xo♡

juin, 1999